7
Lk 1697.

MONASTÈRE
DE
NOTRE-DAME
A CAVAILLON.

NOTES HISTORIQUES

SUR

L'ANCIEN MONASTÈRE DE NOTRE-DAME

A AVIGNON.

AVIGNON

SEGUIN AINÉ, IMPRIMEUR-LIBRAIRE
rue Bouquerie, 13.

1861

EXTRAIT

de la *Revue des Bibliothèques paroissiales* d'Avignon, Année 1861,
Nos des 15 et 31 janvier, 15 et 28 février.

MONASTÈRE

DE

NOTRE-DAME

A CAVAILLON.

> Ceux qui enseignent la justice à plusieurs, brilleront comme des astres dans les perpétuelles éternités. (DANIEL, 12.)

Parmi les établissements religieux qui sont l'honneur et la richesse de notre beau diocèse d'Avignon, moins encore peut-être par leur nombre si prodigieux que par la régularité parfaite qui les distingue tous sans exception, il en est quelques-uns de trop peu connus et qui néanmoins mériteraient à tous égards, aussi bien que les plus privilégiés, de fixer l'attention de tous ceux qui portent dans leur cœur l'amour du bien. Le monastère de Notre-Dame, à Cavaillon, nous a paru être de ce nombre, et nous croyons être agréable à nos lecteurs en leur disant ici quelques mots d'un institut que bien peu de personnes connaissent, malgré son ancienneté, l'illustration de son origine, et les services considérables qu'il a rendus et rend tous les jours.

Le monastère de Notre-Dame, à Cavaillon, existe depuis 1838. C'est une filiation de la maison du même ordre établie à Tournon (Ardèche). Les premières religieuses arrivèrent à Cavaillon, un samedi au soir, le 16 juin, sous la conduite de la R. Mère Gibert, instituée supérieure de la nouvelle fondation; elles étaient au nombre de quatre.

Cette première colonie fut bientôt suivie par une autre plus nombreuse et les classes s'ouvrirent le 2 octobre, jour de la fête des Sts Anges. Toutefois l'appropriation des lieux ne permit d'observer la clôture régulière que le 29 avril 1839. Mgr Dupont, de vénérée mémoire, accueillit avec bonheur les nouvelles filles que la Providence lui envoyait, et dont Cavaillon était redevable au zèle d'un fervent religieux capucin, natif de cette ville. A leur tour Mgr Naudo et Mgr Debelay n'ont cessé d'entourer de leurs paternelles bénédictions cette portion si intéressante du troupeau confié à leur sollicitude pastorale.

Depuis lors, ces dames occupent en partie les anciennes dépendances, encore assez vastes quoique bientôt insuffisantes, de l'antique abbaye des religieuses Bénédictines, que la Révolution de 1790 dispersa et qui vivaient paisibles et honorées de tous à Cavaillon depuis plus de quatre siècles. (1)

Modeste en ses débuts comme toutes les fondations qui sont vraiment l'œuvre de Dieu, cette famille religieuse a grandi et s'est développée peu à peu. (2) Aujourd'hui elle poursuit humblement sa mission régénératrice au sein de l'une des populations les plus industrieuses de notre pays, et le ciel bénit les élans sublimes de foi et d'active charité qui s'exhalent de ce brûlant foyer où l'amour de Dieu et celui du prochain se confondent pour opérer les plus touchants miracles d'un dévouement tout évangélique. Vingt-neuf

(1) *Abbaye des Religieuses de St-Benoît*, à Cavaillon. Leur premier établissement eut lieu à *Aigaillères*, village de Provence. On a cru avec quelque raison que leur fondation était royale. Transplantées d'abord à Sénas, de nouveaux troubles politiques les obligèrent à passer la Durance, et elles s'établirent proche du village *des Taillades*, dans un prieuré qui leur appartenait. Mais n'étant pas en sûreté à la campagne, elles vinrent à Cavaillon vers 1374 et la ville mit à leur disposition l'église de St-Jean et le monastère des Templiers, de la porte du Claux. Peu après elles se retirèrent dans l'intérieur de la ville, à la Chapelle de Ste-Catherine des Templiers, où elles construisirent leur monastère et plus tard une nouvelle église. C'est le local occupé encore aujourd'hui par les Religieuses de Notre-Dame. Le pape Jean XXII, après les pertes essuyées par les Bénédictines, leur avait assigné une pension annuelle de six *charges* de blé, trois d'orge et quatre tonneaux et demi de vin sur la Chambre apostolique de Carpentras. Au moment de la Révolution, elles touchaient encore cette redevance, quoique depuis Jean XXII elles fussent devenues riches. Dans la suite le monastère des Bénédictines, qui n'avait pas tardé à prendre un développement considérable, eut besoin de réforme. Le vénérable César de Bus remplit fort heureusement cette mission. Un siècle et demi après, Mgr de Mansi, évêque de Cavaillon, et qui fut plus tard Archevêque d'Avignon, leur donna de nouvelles constitutions.

(2) Nous ne croyons pas devoir entrer ici dans de plus amples développements à cet égard. Quelque jour le monastère de Notre-Dame-de-Cavaillon aura son histoire écrite par une plume plus digne que la nôtre.

(1) religieuses ou novices de chœur et une postulante, sept Sœurs compagnes ou coadjutrices cloîtrées, une postulante et trois tourières religieuses suffisent à grand'peine, malgré l'ardeur de leur zèle et l'impulsion puissante qu'elles reçoivent de leur vénérable Mère Supérieure, pour les soins multipliés et incessants qu'exigent un Pensionnat de quarante-trois élèves, plus quatre-vingt-dix externes, dont une partie couchent dans la maison, mais n'ont aucune communication avec le premier pensionnat, et les classes gratuites qui ne réunissent pas moins de cent et quelques petites filles. Encore faut-il ajouter à tout cela la classe des adultes, fréquentée chaque jour, pendant une heure, par une trentaine de jeunes ouvrières qui au moment de leur principal repas viennent au couvent recevoir avec le complément de leur éducation élémentaire de sages conseils et des instructions religieuses, dont elles n'ont que trop besoin pour les tenir en garde contre les écueils trop fréquents que présentent pour elles leurs occupations industrielles. Depuis peu de jours, les bonnes dames du grand couvent, comme on les appelle dans le peuple, ont ouvert une classe de couture, destinée à rendre de précieux services à la population cavaillonnaise, et dont le moindre ne sera pas celui de retenir plus longtemps sous leur main une portion de leurs élèves, qui leur échappent trop tôt après la première communion pour être mises en apprentissage.

Le 31 juillet 1854, le monastère de Notre-Dame de Cavaillon, célébra une grande solennité avec octave pour la glorification de sainte Innocence, martyre, dont les sacrées reliques avaient été offertes à la communauté par un respectable religieux Doctrinaire italien. La châsse de la Sainte a été placée dans le chœur des religieuses, au même lieu où reposait le corps de St Benoît, martyr, que possédaient les Dames Bénédictines avant la Révolution de 89.

Mais qu'est-ce donc que cet *Ordre de Notre-Dame*, de Cavaillon, nous demande-t-on fréquemment depuis que la Providence a bien voulu nous le faire connaître à nous-même, en nous imposant à

(1) En outre des premières dames venues en 1838 de Tournon et en 1840 de Saint-Flour pour constituer la maison, la communauté a reçu, depuis le commencement de la fondation jusqu'à ce jour, quatorze religieuses de Cavaillon et vingt et une de divers pays ; mais la mort les a souvent visitées et leur a ravi quinze sujets très-capables de remplir le but de ce saint institut.

son profit un bien douloureux sacrifice ? Nous allons le dire en peu de mots, d'après une notice fort intéressante, qui nous a été gracieusement communiquée et qui a pour titre : *Abrégé de la Vie de la vénérable Mère de Lestonac, avec le plan de son Institut.* (Poitiers, chez H. Oudin, 1858.)

Au XVIe siècle, dit l'auteur de cet opuscule, l'hérésie de Luther et de Calvin désolait la France et surtout les provinces au delà de la Loire. Chaque jour les cloîtres se dépeuplaient par les soins que prenaient les hérétiques d'y glisser leur venin ; la jeunesse ne trouvait plus d'asile contre l'erreur ; mais Dieu, qui veille toujours sur son Église, suscita contre ces dangers une femme forte dans le sein même de l'hérésie, pour faire refleurir la solitude et donner un abri à l'innocence et à la vertu.

Cette âme choisie fut la vénérable Mère Jeanne de Lestonac. Elle naquit à Bordeaux en 1556. Son père, Richard de Lestonac, conseiller au Parlement, était aussi remarquable par sa naissance que par sa foi et sa piété. Sa mère, Jeanne d'Eyquem de Montaigne, avait embrassé la nouvelle religion. Elle se montra aussi ardente pour le calvinisme que son mari était zélé pour la foi catholique.

Prévenue de grâces exceptionnelles, Jeanne de Lestonac, résista avec une force au-dessus de son âge à toutes les tentatives coupables que sa mère et une de ses tantes firent pour l'engager dans l'erreur. Unie à 17 ans à Gaston, marquis de Montferrand (1), descendu des premiers barons de Guyenne, elle se montra, pendant vingt-quatre ans de mariage, aussi vertueuse épouse et excellente mère, qu'elle avait été fille soumise et catholique inébranlable. Devenue veuve, elle consacra six années encore aux soins de sa famille ; puis après avoir vu deux de ses filles, Marthe et Madeleine, entrer chez les religieuses Annonciades, elle crut le moment venu où elle pouvait à son tour se donner tout entière à Dieu, et le 11 juin 1603, elle prit l'habit de Saint Bernard, chez les Feuillantines de Toulouse.

L'espace nous fait défaut pour raconter comment la marquise fut amenée par raison de santé à quitter son cher couvent,

---

(1) M. de Sainte-Marie, auteur d'une vie de Mme de Lestonac, publiée à Bordeaux en 1645, qualifie Gustave de *Montferrand*, *Souldan de la Trau*, seigneur et baron *de Landiras*, la Mothe, etc.

quelques années plus tard. Dieu lui inspira peu de temps après la pensée de fonder un Ordre nouveau de Religieuses — pour venir au secours des jeunes personnes, toujours exposées au milieu du monde et poursuivies alors par l'esprit de mensonge et d'erreur. — Secondée par les conseils des R. R. P. P. de Bordes et Raymond, de la Compagnie de Jésus, Mme de Lestonac présenta, le 7 mars 1606, au cardinal de Sourdis, archevêque de Bordeaux, les règles du nouvel institut. Ce prélat les approuva le 26 du même mois. Un député (1), choisi par la fondatrice et approuvé par le cardinal, partit de Bordeaux le 4 août suivant pour Rome. Ayant trouvé de fortes protections dans les cardinaux Bellarmin et Baronius, il eut une audience favorable du pape Paul V; qui, après avoir entendu le rapport de la Congrégation établie pour les affaires des réguliers, examina lui-même les règles et constitutions, y ajouta de son propre mouvement quelques points importants, les honora de ses louanges et confirma cet institut par un Bref, expédié le 7 avril 1607, et qui prescrivait son agrégation à l'un des quatre anciens ordres. Ce fut en vertu de ce Bref que le cardinal de Sourdis l'unit à l'Ordre de St-Benoît, le 9 janvier 1608.

Jeanne de Lestonac reçut le voile noir, le 1er mai, en l'église du Saint-Esprit, et fut établie Supérieure de la première maison de l'Ordre de Notre-Dame. Sérène de Coqueau, Madeleine de Landrevie, Isabeau de Maisonneuve et Marguerite de Poifferré prirent ce même jour le saint habit. Le 8 décembre suivant, jour de l'Immaculée Conception, cinq autres novices reçurent le voile savoir: Marie de Roux, Anne de Richelet, Françoise de Boulaire, Blanche Hervé, et Éliette Cazaubon, veuve. Et la mère de Lestonac choisit ce jour pour consacrer solennellement son institut à la Sainte Vierge.

Au mois de mars 1609, Henri IV donna des Lettres patentes à l'Ordre de Notre-Dame (2), et le 8 décembre 1610, après de nouvelles et dures traverses, les premières novices furent admises à la

(1) M. Moisset, prêtre et curé de Ste-Colombe. — Mgr le maréchal d'Ornano, gouverneur de Bordeaux, se rendit très-utile à Mme de Lestonac dans cette circonstance.

(2) Les armes de l'Ordre sont: d'azur à un *Maria* d'or surmonté d'une croix de même, avec deux branches de lis enlacées pour supports et une couronne formée de douze étoiles d'argent.

profession, et ainsi s'établit le saint Ordre de la Compagnie de Notre-Dame. Les deux filles de Mme de Lestonac, qui étaient depuis vingt ans dans le couvent des Annonciades, demandèrent leur translation dans celui de Notre-Dame et l'obtinrent. Enfin, la fondatrice mourut le 2 février 1640, âgée de quatre-vingt-quatre ans, avec la consolation de voir plus de trente maisons de son Ordre fleurir sur divers points. Elle en avait fondé elle-même neuf, outre Bordeaux, à savoir : Béziers, Poitiers, le Puy, Toulouse, Périgueux, Agen, Riom, Saintes et Pau.

Par un décret pontifical du 6 septembre 1834, la très-révérende Mère Jeanne de Lestonac a été déclarée vénérable. Son corps, prévenu d'un don spécial d'incorruptibilité, fut retrouvé cent cinquante ans après sa mort, au moment de la Révolution, dans un état parfait de conservation.

NOTES HISTORIQUES

SUR L'ANCIEN MONASTÈRE DE NOTRE-DAME

A AVIGNON.

—

Les Religieuses de la Compagnie de Notre-Dame ne sont ni des étrangères ni des nouvelles venues pour le diocèse d'Avignon. Avant la Révolution, il existait dans la ville archiépiscopale, rue St-Marc, nos 16, 18, 20, 22 et 24 (établissement actuel des Bains à la Romaine et maisons adjacentes) un couvent de l'Ordre de Notre-Dame (1), établi du vivant même de la vénérable Mère fondatrice de l'Institut.

A cet égard, nous nous croyons autorisé à ajouter ici quelques renseignements fort intéressants que nous devons aux bienveillantes communications de M. Achard, l'érudit archiviste du département, et que nous avons complétés à l'aide des précieux souvenirs conservés dans les manuscrits des abbés de Véras et de Massilian.

En 1636, Messire Jean-Baptiste de Tonduti, seigneur de Blauvac et de St-Pierre-de-Vassols, gentilhomme de la chambre du roi et qui fut Viguier d'Avignon en 1662, avait une de ses filles novice chez les religieuses Bernardines de cette ville, dites de Ste-Catherine. Cette jeune personne ne pouvait, à cause de sa faible santé, soutenir une règle aussi austère, et comme néanmoins elle persistait à vouloir se consacrer à Dieu, son père eut la pensée de faire venir des Religieuses de Notre-Dame, dont l'Institut lui paraissait plus proportionné aux forces de mademoiselle sa fille et qui se vouaient d'une manière plus spéciale à l'éducation des jeunes personnes. A cet effet, il s'adressa, avec l'approbation de Mgr l'Archevêque, Marius Philonardi, et du consentement de messieurs les Consuls de la ville, aux Religieuses

(1) Achard. Dictionn. des rues d'Avignon. Annuaire du département de Vaucluse, 1857.

de la maison du Puy en Velay. Nous avons déjà dit que cette maison du Puy était la troisième fondation établie en 1618, par la Révérende Mère de Lestonac.

Le 15 mai 1637 (1), cinq Religieuses de Notre-Dame arrivèrent à Avignon, savoir : la Rév. Mère Susanne de Marclan, supérieure, et les Sœurs Madeleine Arnaud, Mère seconde, Françoise de Morangès, maîtresse des novices, Marguerite Aulanier, procureuse et Marie de Sarra ou de Frétat, maîtresse des écolières. Ces dames étaient munies d'une copie en forme de la Bulle de N. S.-P. le pape Paul V, portant institution canonique de leur monastère du Puy. Cette copie avait été délivrée par MM. Pierre de Ravissac, docteur en théologie et François Trioulent, docteur en droits, chan. de l'église cathédrale de Notre-Dame-du-Puy, vicaires-généraux de Mgr Ill[me] et R[me] Messire Just de Serres, évêque du Puy, comte de Velay, à la demande de M. Pierre Blachière, confesseur et syndic des Religieuses du monastère de Notre-Dame du Puy.

Aussitôt après leur arrivée, ces dames s'empressèrent d'adresser une requête à Jules de Mazarin, pour lors Vice-légat d'Avi-

(2) La fondation du monastère de Notre-Dame, à Avignon, fut contemporaine de celle de la plupart des couvents de femmes qui existaient dans notre ville, au commencement du XVIIIe siècle, ainsi qu'on peut s'en convaincre par le tableau suivant dressé d'après les indications fournies par de Véras et Massilian :

	Années.
1° Religieuses de St-Laurent (Bénédictines.)	918
2° Abbaye de Ste-Catherine (Bernardines.)	1149
3° Abbaye de Ste-Claire (Franciscaines.)	1230
4° Religieuses de Ste-Praxède (Dominicaines.)	1409
5° Les Carmélites de la réforme de Sainte Thérèse.	1618
6° Les Royales (Ursulines.)	1623
7° Les Augustines (Ursulines.) (supprimées en 1768.)	1632
8° Religieuses de la Visitation Ste-Marie.	1632
9° Religieuses de la Victoire dites du Refuge (Augustines.)	1634
10° Religieuses de la Compagnie de Notre-Dame.	1637
11° Religieuses du Verbe incarné (Augustines.)	1639
12° Religieuses de Notre-Dame-de-la-Miséricorde (id.)	1643
13° Les Célestes dites de l'Annonciade.	1643
14° Religieuses de St-André (Ursulines.)	1646
15° Religieuses de St-Eutrope.	1670
16° Religieuses Hospitalières dites de St-Joseph (Augustines.)	1671

On aura déjà remarqué que sur les seize couvents de femmes que possédait Avignon à cette époque (1700), douze comptaient moins d'un siècle d'existence, et parmi ces derniers le monastère de Notre-Dame occupait le sixième rang par date de fondation.

gnon, afin qu'il lui plût autoriser leurs projets de fondation. Sous la date du 24 mai et par Bref signé de Fabricius Bordesis, évêque de Cavaillon, provice-légat, Son Excellence le Vice-légat acquiesça à leurs désirs, et en suite de ce, le 10 juin suivant, Jules Diottalevi, vicaire-général, agissant au nom et par délégation de Mgr Marius Philonardi, archevêque d'Avignon, et en ce temps-là nonce apostolique à la cour de Vladislas IV, roi de Pologne et de Suède, rendit une ordonnance pour assurer la mise à exécution de la Bulle d'institution. La première somme que les Religieuses de Notre-Dame eurent à débourser fut celle de cent écus pour l'expédition de la dite Bulle (11 juin 1637).

La Sœur Marguerite de Tonduti de Blauvac fut aussitôt relevée et entra la première au noviciat de Notre-Dame (juin 1637), y fit profession, recouvra une parfaite santé et Dieu lui donna, dit l'abbé de Véras, une longue vie. Mlles Françoise d'Elbène, Louise d'Olivier, Anne de Félix, Marie de Pascalis et Louise de Panisse, appartenant toutes à des familles distinguées du pays, imitèrent bientôt l'exemple de Mlle de Tonduti (Massilian). Avant la fin du XVIIe siècle, un grand nombre d'autres nobles familles d'Avignon et des environs tinrent à honneur de fournir à leur tour des sujets d'élite au monastère de Notre-Dame. Nous pourrons citer entre autres, les noms des Sœurs Marie de Salières (6 décembre 1639), Diane d'Andron (11 juillet 1640), Catherine de Centenier (15 juillet 1641), Henriette de Montagu (7 juin 1645), Léone de Montagu (23 août 1651), Anne et Françoise de Salières (1652), Thérèse et Christine de Forbin (1654) (1), Angélina de Zanobis (1656), Paule de Graveson (mère seconde en 1669), Anne de Cambis (conseillère en 1680), Gabrielle-Marie des Laurents, dite la mère de l'Olive, des seigneurs du Broc et de l'Olive, à Menerbes (supérieure en 1706 et 1715), Catherine de Sobirats (16 juin 1663), Jeanne et Anne de Jauffres de Fonture (26 septembre 1665), Françoise de Merles de Beauchamps (5 mai 1672), Yolande de Massilian (3 septembre 1678), Anne-Louise de Provençal (18 septembre 1688), Marie-Marguerite de Cambis d'Orsan (23 avril 1691) et Élisabeth de Cambis d'Orsan, sa sœur (1er juillet 1693), Marie de Combe (1er septembre 1693), Thérèse de Meyran du Baye (26 août 1697), etc. etc. Pendant le dix-huitième

---

(1) Pithon-Curth par erreur les dit religieuses à Forcalquier, en Provence.

siècle, nous rencontrons ; Anne de Cadecombe de Sadolet (25 janvier 1700), Marie-Léonarde de Gast (6 septembre 1724), Marie-Thérèse de Salvang de Chénerille (15 mars 1726), Élisabeth-Alexandrine d'Inguimbert de Montange (14 mars 1729), Marie-Françoise de Savigny (5 juin 1734), Marie de Pérussis (28 janvier 1734), Marie-Thérèse de Roque (26 mai 1734), Louise de Prayet (9 février 1737), Marie-Anne Calaman d'Autane (26 avril 1756), Louise de Bonnet d'Honières (6 octobre 1759), Louise de Roque (21 août 1766), Françoise-Ursule du Barroux (1784) ; en 1752, il y avait une autre demoiselle du Barroux, novice à Notre-Dame ; mais nous nous bornons et passons sous silence beaucoup de noms non moins honorables quoique moins connus.

La dot spirituelle des religieuses de chœur était de trois mille livres et celle des converses ou sœurs compagnes, de cinq cents livres.

Par acte du 1er octobre 1639, les Religieuses de Notre-Dame acquirent de noble Balthazar de Fogasse, seigneur de la Bastie, des Raynauds et d'Entrechaux et au prix de neuf mille livres, une maison, paroisse St-Agricol et rues dites des Ortolans et des Masses, confrontant de deux quarts les dites rues publiques, d'autre, le Jeu-de-Paume de François Mansuel, jadis des hoirs de Péretz, d'autre, le jardin et étable des hoirs de Gabriel de Grilhetz de Brissac, enfin d'autre, jardin et tinal de Charles de Doni. C'est le local actuel et dépendances de l'ancien noviciat, aujourd'hui demi-pensionnat des Frères des Écoles chrétiennes. — Le 8 novembre de cette même année 1639, les Religieuses de Notre-Dame reconnaissent au vénérable Chapitre de l'église Métropolitaine de Notre-Dame-des-Doms, des maisons situées *in carreria Ortolanorum et carreria Massarum*, qu'elles ont acquises de Balthazar de Fogasse de la Bastie (Vieux terrier de la Métropole, fol. 137 à 140), de Massilian.

Le 10 mars 1643, elles acquirent encore, et au prix de dix-huit cents livres, plus les frais du procès, de la fille et de la veuve du paumier Mansuel, l'emplacement de son Jeu-de-Paume qui touchait leur jardin, plus une maison attenante, confrontant les rues des Masses et des Ortolans, la maison de J. B. de Doni, seigneur de Goult et la maison des hoirs de noble Girard de Serres (ancienne maison Bosse). Elles revendirent la maison seulement, par acte du 30 mars 1677, à Louis de Doni, marquis de Beauchamps. Enfin elles s'agrandirent encore en achetant, par acte du 25 avril 1672 et au prix de sept mille livres, de J. B. de Doni, seigneur de Goult et marquis de Beauchamps une petite écurie, un grenier à foin, un jardin, une salle basse et petite cour, le tout contigu, joignant leur monastère et confrontant des autres parts, maison de M. d'Aubres et la rue ou traverse passante dite de la Masque ou des Masses. Cette traverse, encore tracée sur le plan de la ville, relevé par M. Fonzes en 1836, prolongeait la rue Dorée, entre l'hôtel de Doni et la maison des Frères, et, formant un angle droit, prenait entre les Frères et M. Seguin (ancien hôtel de Brancas-Céreste), d'un côté, et l'hôtel de Calvière, de l'autre, pour venir trouver son issue sur la rue Bouquerie.

Ce fut au moyen de ces acquisitions successives, que l'on parvint à construire la maison conventuelle connue aujourd'hui sous le nom de maison des Frères, rue des Ortolans.

D'après une mention faite dans l'acte de visite pastorale de Mgr de Marini, le 26 décembre 1665, il paraît que le monastère de Notre-Dame avait été placé tout d'abord sous le titre de Ste-Thècle.

L'établissement de Notre-Dame ainsi constitué, prospérait. Il le dut surtout à la régularité parfaite qui y régnait et aussi aux grandes vertus des fondatrices de cette sainte maison.

La Révérende Mère de Marclan était fille de l'une des familles les plus considérables d'Auvergne. Douée, ajoute l'abbé de Véras, d'une prudence consommée et d'une humilité rare, qui lui faisait demander dans l'occasion l'avis des moindres de la communauté, elle ne jouit que pendant deux ans de la supériorité et mourut jeune encore en 1639.

La Sœur Françoise de Morangès, qui succéda en 1641 ou 1642 à la Révérende Mère Arnaud, seconde supérieure de la maison, était, dit le même chroniqueur, une fille de la première qualité. Son père, le marquis de Morangès, sortait de la maison de Molette, alliée aux anciennes maisons de Montmorency, Desportes, etc., et sa mère était de la maison de Cauvisson, de la race des Ornesson, des Aubusson, alliée avec les plus nobles et les plus anciennes familles de l'Auvergne et du Languedoc. Cette fille était d'un rare mérite. Elle joignait les dons de l'esprit aux grâces extérieures du corps. Lorsqu'elle vint à Avignon, elle n'avait que six mois de profession. Le glorieux Saint François-Régis, de la Cie de Jésus, avait été son confesseur au Puy, et elle avait parfaitement mis à profit ses sages avis et ses bons conseils. Elle fut d'abord choisie pour maîtresse des novices à Avignon; après quoi, n'étant âgée que de vingt-cinq ans, et avec dispense de Rome, malgré ses oppositions et son humble résistance, elle fut élue supérieure. En 1687, elle l'était encore, mais ce fut son dernier triennе; elle mourut fort âgée, le 22 novembre 1693, sous le supériorat de la Révérende Mère Christine de Forbin, ayant vécu cinquante-six années dans son cher couvent d'Avignon. Elle avait eu pour directeur spirituel, le Rév. P. Martin, jésuite, fameux théologien. Le 12 septembre 1676, elle eut la consolation de donner le saint habit religieux à deux de ses nièces ou petites-nièces, Anne et Marguerite de Morangès, filles du marquis de Molette de Morangès.

Les Mères Anne de Payen (reçue le 7 juillet 1646) et Christine de Forbin, nièce du cardinal de ce nom, continue l'abbé de Véras, ont illustré ce monastère par leur éminente piété, de même que plusieurs autres dont je ne rappelle pas le nom. La première mourut le 5 février 1687, âgée de 52 ans, et la seconde en 1697, âgée de 66 ans. De nos jours est morte en odeur de sainteté la Mère Susanne l'Évêque dite de St-Maurice, le 12 mai 1760. Elle avait fait profession le 7 juillet 1716. Messire de Blauvac de La Baume, prévôt du Chapitre de l'église de Notre-Dame-des-Doms, messire d'Anselme, prêtre et capiscol de l'église de Ste-Madeleine et M. Pierre de Madon de Châteaublanc, avaient charitablement acquitté le montant de sa dot spirituelle. Elle avait été à plusieurs reprises investie des fonctions de la supériorité (1740-1752, etc.)

Le 1er mai 1707, les Religieuses de la Compagnie de Notre-Dame célébrèrent dans leur couvent d'Avignon une grande solennité, le dimanche de *Quasimodo*, à l'occasion de l'année séculaire de la fondation de leur Ordre. La fête dura huit jours et le dimanche de l'octave, Mgr le Viguier et messieurs les Consuls assistèrent au Te Deum et à la bénédiction du Très-Saint Sacrement.

La ville d'Avignon ayant souffert, en 1721, de l'invasion de la peste, les Religieuses de Notre-Dame, pour fléchir la colère du ciel, firent vœu de chômer à l'avenir et à perpétuité, la fête de la Visitation de la Sainte Vierge et de faire donner ce jour-là la bénédiction, matin et soir ; plus de faire commémoraison de Saint Joseph, à laudes et à vêpres, mais au chœur seulement et excepté les jours de fêtes de 1re ou de 2me classe; plus, de communier le jour de la fête de Saint François-Régis, comme communion de règle. Messire Combe, chanoine de la collégiale de St-Didier et confesseur de la communauté, prononça la formule de ce vœu, en présence de toutes les religieuses, le jour de la fête de Notre-Dame du St-Rosaire, 1721.

Les livres de la maison nous apprennent encore qu'on solennisait avec pompe et magnificence la fête du Saint Nom de Marie, que ces dames avaient prise pour titulaire et fête principale, depuis que N. S.-P. le pape Innocent XI, avait ordonné qu'elle se fît dans toute la chrétienté. On donnait la bénédiction du Très-Saint Sacrement le matin et le soir après la prédication. Tous ceux qui visitaient leur église le jour de cette fête, pouvaient gagner une indulgence plénière, et c'était, assure-t-on, l'une des fêtes de la ville où il y avait le plus de concours. Nos seigneurs le Vice-légat et l'Archevêque honoraient toujours la solennité de leur présence.

Le 22 mars 1746, François-Ignace de Tonduti, des seigneurs de Malijac, St-Léger et Montserein, fils de Pierre-François IIe et de Jeanne de Baroncelly, et neveu de la Révérende Mère Marie-Anne de Tonduti, fit profession, en l'église du monastère de Notre-Dame et entre les mains de F. Marcel de Lopés, commandeur de La Braque, comme chevalier de l'Ordre de Malte. Mgr l'Archevêque d'Avignon célébra la sainte messe. (Pithon-Curth.)

Cette église du monastère de Notre-Dame n'était autre que la jolie chapelle actuelle des Frères. Nous regrettons vivement de n'avoir rien trouvé de plus circonstancié sur la construction et les embellissements de cette petite église si chère à la population avignonaise. Toutefois nous savons que dès 1665 (26 décembre), jour de la visite pastorale de Mgr de Marini, elle était pourvue très-convenablement de tous les meubles et ornements nécessaires. Dès cette époque, le glorieux Saint Joseph y était particulièrement honoré. Il y avait un autel spécial dédié à ce grand saint et le 16 novembre 1680, demoiselle Marie-Hélène Blanchard y faisait une fondation d'un certain nombre de messes pour le repos de son âme. En 1717, les Religieuses de Notre-Dame avaient placé au-dessus de leur autel principal un beau retable, qui ne leur avait pas moins coûté de deux mille livres, monnaie de roi. Cette boiserie remarquable, sauvée du vandalisme révolutionnaire, témoigne encore du bon goût de ces dames. C'est encore à elles que nous sommes redevables des riches peintures qui ornent le gracieux plafond de cette église, aujourd'hui sans contredit l'une des plus jolies de toutes nos chapelles conventuelles d'Avignon.

Mais les temps étaient venus, après un siècle et demi et plus de pénibles travaux, où le monastère primitif ne pouvait plus suffire aux développements qu'avait pris la communauté de Notre-Dame, surtout à cause du grand nombre d'enfants qui fréquentaient les écoles publiques tenues par ces bonnes religieuses, selon le vœu particulier de leur saint institut.

Mgr François-Marie, des comtes de Manzi, archevêque d'Avignon, qui portait un intérêt tout spécial à cet institut, fut plus particulièrement touché pendant le cours de sa visite pastorale du 28 septembre 1760, de l'état précaire dans lequel se trouvaient les locaux destinés aux classes gratuites. Désireuse d'améliorer cet état de choses, Sa Grandeur s'adressa en cour de Rome et, munie des pouvoirs nécessaires de N. S. P. le Pape Clément XIII, par lettres expresses de la Sacrée Congrégation des Évêques et Réguliers, en date du 9 septembre 1763, elle *éteignit* et *supprima* pour toujours et à perpétuité, par ordonnance du 15 avril 1768, le couvent et communauté des religieuses Augustines (établissement actuel des Bains à la Romaine et maisons adjacentes), et disposa de leurs bâtiments et mobilier au profit des religieuses de Notre-Dame.

Le monastère des Augustines (1), ainsi supprimé canoniquement, avait été fondé à Avignon, en mars 1632, par la vénérable mère Jeanne-de-Jésus de Rampalle, qui y mourut en odeur

---

(1) Ces religieuses Augustines étaient de l'ordre de Ste-Ursule, sous la règle et le vocable de Saint Augustin. Ce fut la seconde maison de la Congrégation d'*Arles*, fondée par la mère de Rampalle, en 1602, et instituée par bulle de S. S. Urbain VIII, du 11 octobre 1624. *Avignon, Tarascon, Valréas, Bollène* et *St-Remy* formaient son obédience. La mère Jeanne de Rampalle était née à St-Remy, de Provence, le 30 janvier 1583. Son corps prévenu d'incorruptibilité était encore conservé en chair et en os à Avignon, en 1751.

de sainteté le 6 juillet 1636, âgée de 52 ans. Ce monastère avait été dans son temps très-florissant et fort bien composé sur la fin du XVIIe siècle. Au commencement du XVIIIe, on y avait compté jusqu'à 43 religieuses de chœur et 40 pensionnaires que ces dames élevaient au mieux, dit l'abbé de Véras, et qui ont fourni de grands sujets dans la religion et dans le monde. Mais en l'année 1720, à l'occasion des papiers de banque, cette communauté souffrit beaucoup et essuya de grandes pertes. Pour lors, dit l'abbé de Véras, les revenus diminuèrent et les sujets commencèrent à faire défaut, ce qui a continué du depuis. De telle sorte qu'en 1768, on n'y comptait plus que deux religieuses de chœur, savoir : Mme de Perthuis, fort infirme et ne sortant plus de sa chambre déjà depuis assez longtemps et Mme d'Anselme, dite de la Croix, plus deux sœurs converses et une tourière. Mme de Roustan de St-Bernard, troisième religieuse Augustine survivante, avait obtenu dès 1766 la permission d'aller résider à Beaucaire dans la maison de Mme de St-Privat, sa sœur. En 1769, elle transféra sa résidence dans le monastère de Ste-Ursule de la même ville. Mme de Boulbon (1), dernière supérieure du couvent des Augustines, était morte en 1764. Le couvent des Augustines, disent les écrivains de l'époque, est vaste, bien bâti, placé sur une belle rue, vis à vis l'église des RR. PP. Jésuites, sur la paroisse St-Didier et fort convenable pour les religieuses de Notre-Dame à cause des grandes salles qui s'y trouvent pour les écoles publiques des jeunes filles. Les jardins sont étendus, l'église, d'une grandeur raisonnable, bien éclairée, est bâtie depuis 1720. Il y a un très-joli frontispice sur lequel est la statue de Saint Augustin. Le chœur est grand (de Véras). Cette chapelle, bâtie en face de l'église du collége des RR. PP. Jésuites, occupait l'emplacement où se trouvent aujourd'hui les ateliers de M. Cournaud, statuaire, et la maison de M. le professeur Rigaud. On peut encore en reconnaître le périmètre à l'épaisseur des murs, elle se trouvait de quelques mètres en retraite sur la façade principale du monastère.

La translation de la communauté de Notre-Dame dans les

(1) Appelée aussi par corruption DE BOURBON (Sœur Marie de St-Denis) ; elle avait gouverné la maison des Augustines d'Avignon pendant 35 ans, Elle mourut le 23 novembre à l'âge de 80 ans. Elle avait été élevée à l'abbaye de Tarascon.

bâtiments des Augustines eut lieu le 9 juin 1768, sur les quatre heures du soir, par les soins de M. Malière, chanoine de la Métropole, vicaire-général et official de l'Archevêché, accompagné de Joseph Rigaud, avocat et procureur fiscal général de la cour archiépiscopale et des causes pies, et de M. Vigne, notaire, vice-greffier de la même cour.

Voici comment s'effectua la prise de possession : M. l'official, accompagné de sa suite, se rendit au couvent de Notre-Dame où il fit appeler Jeanne-Marguerite de Chambeau, première supérieure et Marie-Thérèse de Roque, mère seconde, et leur notifia les ordres de Mgr l'Archevêque qu'il était chargé de mettre à exécution. Ces dames en informèrent immédiatement leur communauté et se déclarèrent prêtes à obéir aux volontés de l'autorité. L'official sortit alors du couvent avec les dames de Chambeau et de Roque et, étant monté avec elles dans le carosse que Mgr l'Archevêque avait mis à sa disposition pour cet effet, il se fit conduire au couvent des Augustines, où il entra par la porte du jardin très-peu distante du couvent de Notre-Dame. (Cette porte était au fond de la ruelle, près l'hôtel Calvière.) On évitait ainsi le circuit qu'il eût fallu faire pour arriver à la porte principale, située dans la rue Bancasse ou St-Marc. L'official, après les formalités d'usage, fit ouvrir, au nord dans le mur du grand jardin des Augustines, une porte en face de celle du poulailler du couvent de Notre-Dame ; ces deux portes n'étaient séparées que par la petite ruelle. Ce fut par là que s'acheva la translation de la communauté dans son nouveau domicile. Dès ce même jour une partie du personnel coucha dans le couvent des Augustines et le lendemain l'installation fut complète.

Il est juste de dire ici que l'ordonnance de Mgr de Manzi portait réserve en faveur des dernières Augustines survivantes de pensions *alimentaires et vestiaires convenables* avec reversibilité sur la tête de chacune d'elles, plus le droit de continuer d'habiter les chambres qu'elles occupaient pour lors ou telles autres qu'il leur plairait de désigner, comme aussi d'y vivre à l'état de communauté entièrement distincte de celle de Notre-Dame, à moins qu'elles ne préfèrent se retirer dans quelque autre maison religieuse de la ville d'Avignon ou de son diocèse. Mme d'Anselme de la Croix et Mme de Roustan de St-Bernard, usant de cette faculté, se réservèrent une pension viagère de six cents livres. Mais la sœur Marguerite Dayon, dite de Ste-Thérèse, native d'Aramon, qui avait pris le voile chez les Augustines, se retira, quand la maison fut dissoute, à Notre-Dame et y vécut encore quinze ans. Elle y mourut le 5 novembre 1781, à l'âge de 76 ans. Elle fonda la solennité de la fête du Sacré-Cœur de Jésus, avec bénédiction le matin et le soir et exposition du très-saint Sacrement jusque vers les onze heures. L'acte d'acceptation de cette fondation est du 7 novembre 1781 ; il est signé par Marie de Blauvac, supérieure, Salvang de Chénerille, mère seconde, de Chambaud, discrète, de Roque, de Savigny, Reboulet, conseillères.

La communauté de Notre-Dame trouva les locaux dépendant du monastère des Augustines dans un assez triste état de dépérissement; aussi eut-elle à faire de nombreuses et importantes réparations. Il résulte d'un arrêté de comptes dressé par la mère de Chambaud, le 1er mars 1776, que, depuis la translation, on avait dépensé 4238 livres, et tout n'était pas fini puisqu'un peu plus tard, nous trouvons que par permission de Mgr de Giovio, il avait été dépensé 2745 livres pour la bâtisse du réfectoire et de la cuisine neuve, provenant la dite somme de la dot de la sœur St-Xavier, fille de Bertrand, chapelier. Nous appuyons sur ce dernier fait pour constater que le monastère de Notre-Dame n'était point constitué d'une manière exclusivement aristocratique, mais que tous les dévouements s'y donnaient fraternellement la main pour le service du prochain et la plus grande gloire de Dieu. Ainsi à côté des plus beaux noms de la noblesse avignonaise et comtadine, nous trouvons les noms non moins dignes de respect et de vénération des mères Madeleine Romanet (1639), Marie Lapis (1640), Jeanne-Philippe Mialon (6 mai 1643), Catherine Dimonier (1643), Marie Brémond (7 décembre 1647), Françoise Bernard (3 février 1649), Marie Madon (17 juillet 1670), Susanne-Marie Vidal (11 janvier 1689), deux fois supérieure, en 1737 et 1743, Thérèse-Barbe Vidal (4 février 1694), Rose Rigaud (3 février 1707), Marthe Tavernery (21 février 1710), Gabrielle Cappeau (24 avril 1714), Françoise-Vérane Jacob (9 septembre 1724), Marie Crégut (10 mars 1728), Jeanne-Catherine Dumaine (28 octobre 1756), Françoise Lamy (14 avril 1761),

Françoise-Rose Montolieu (2 juin 1767), Marie-Félicité Guintrandy (10 août 1784), etc., etc. Le 12 janvier 1773 avait eu lieu la profession de Charlotte Kerson, dont madame Marguerite de Clémens de Graveson, marquise de Beauchamps, veuve de haut et puissant seigneur François-Gabriel de Merles, marquis de Beauchamps, avait payé la dot spirituelle à titre d'aumône pie. Cette charitable dame compta à cet effet à la communauté la somme de quatre mille livres, monnaie de France.

En entrant dans leur nouveau couvent, les religieuses de Notre-Dame ne furent point mises immédiatement en possession des biens et revenus des Augustines. M. Malière, vicaire-général, en conserva le dépôt pendant plusieurs années et ne mit à leur disposition qu'une provision de 1200 livres. Ce ne fut que le 10 août 1776, que Mgr Charles-Vincent de Giovio leur en fit faire remise pleine et entière. Mais ces dames trouvèrent d'autres ressources pour faire face à leurs besoins les plus urgents. D'abord elle vendirent à M. de Calvière une petite maison au prix de 2200 livres; ensuite elles retirèrent de l'œuvre des Orphelines une somme de 4651 livres 11 sols, et voici à quelle occasion : au moment même où il colloquait les religieuses de Notre-Dame dans les anciens bâtiments des Augustines, Mgr de Manzi, par son ordonnance du 7 juin 1768, incorpora la majeure partie du couvent de Notre-Dame et la chapelle qui en dépendait, à l'œuvre des Orphelines (1), tant en considération de ce que la maison que ces pauvres Orphelines habitaient alors se trouvait mal située, trop étroite et incommode (maison Boudin, sculpteur, paroisse St-Didier, près la porte St-Michel), que pour donner à cette œuvre une marque de sa prédilection. Le 8 juin, les Orphelines acquiescèrent à la décision de Monseigneur et le surlendemain elles furent mises en possession par les soins de M. Malière, vicaire-général. Mgr de Manzi stipula toutefois que l'ancienne maison des Orphelines serait vendue et que le prix en serait partagé par égale portion entre les

---

(1) Cette œuvre des Orphelines, fondée à Avignon, en 1590, dans l'ancien hôpital de Ste-Marie-de-Nazareth, autrefois dit de Rancurelle, près la porte de Limbert, acheta le 18 juillet 1596, des RR. PP. Célestins, la maison dont il vient d'être question. Le 27 décembre 1598, Mgr Jean-François Bordini, archevêque d'Avignon, érigea cet établissement charitable en hospice régulier. Il tirait sa subsistance des aumônes faites à la chapelle de *Notre-Dame du Miracle*.

religieuses de Notre-Dame, pour les indemniser de la cession de leurs anciens locaux et l'œuvre des Orphelines. Cette vente eut lieu en 1774, à Jean Giraud, de Toulon et les deux communautés ratifièrent le contrat et se firent mutuellement acquit définitif, le 29 mai 1775. (1) (Achard, notes historiques sur l'*Aumône générale d'Avignon*. — M. de Véras.)

(1) La communauté des Orphelines subsista jusqu'en l'année 1797 (an V. de la République française), où un arrêté de l'administration centrale du département, daté du 4 brumaire (25 octobre 1796), vint l'unir à l'aumône générale. Il n'y avait plus alors que seize filles au lieu de cent trente-quatre qui s'y trouvaient encore en 1789. Leur licence était telle qu'on fut obligé de les expulser de force au mois de fructidor suivant, et de faire garder la maison, après leur départ, par un poste d'invalides, pour éviter un pillage complet. (Achard, *ut supra*.)

Il est des lieux privilégiés sur lesquels la Providence semble avoir des vues toutes particulières. Telle a toujours été la destinée du couvent primitif des religieuses de Notre-Dame. Le 19 fructidor an V (5 septembre 1797) et 16 messidor an VIII (5 juillet 1800) des baux à loyer de ces mêmes bâtiments, N° Richard, furent consentis par l'Administration des hospices, qui en était restée propriétaire, au profit de l'instituteur Colonieu, de Cairanne, qui y établit un pensionnat de jeunes gens, transféré, sur la fin de l'an XI, *rue Dorée*, dans les locaux actuels des classes publiques des chers Frères. Ce pensionnat devint alors *École secondaire communale*, et fut, en octobre 1808, installé dans l'ancien collège des Jésuites où il ne tarda pas à recevoir le titre officiel de lycée impérial (3 janvier 1810.)

Le bureau de Bienfaisance avait été fondé, en l'année 1800, dans la même maison qu'occupent aujourd'hui les écoles gratuites des Frères, *rue Dorée*. Mais cette maison, ayant été cédée à la ville par le domaine, en suite de l'arrêté de Fourcroy, grand-maître de l'Université, daté du 13 pluviôse an XI (2 février 1803), pour y établir une École secondaire communale, l'Administration municipale demanda le 2 germinal, an XI (23 mars 1803) à l'Administration des hospices le local des Orphelines, rue des Ortolans, pour y transférer le bureau de Bienfaisance. Le 30 ventôse, an XII (21 mars 1804), la Commission administrative du bureau de Bienfaisance, assemblée dans ce même local des Orphelines, où la translation de cet établissement venait d'avoir lieu, délibère sur la quotité du loyer à payer aux hospices.

Cet état de choses dura plusieurs années et nombre de personnes se souviennent encore avoir dès cette époque, suivi les exercices religieux qui se faisaient dans la chapelle de l'établissement rendue au culte : après quoi la *Bienfaisance* fut installée dans l'aile sud-est des bâtiments de l'Aumône (aujourd'hui Caserne communale).

Enfin, le 1er janvier 1811, les chers Frères de la Doctrine chrétienne, revenus à Avignon depuis peu d'années, prirent possession de la maison de la rue des Ortolans, que la ville mettait gratuitement à leur disposition pour y établir d'abord leurs plus basses classes et leur résidence ; puis en 1817 leur Noviciat. Mais ayant acquis de nos jours un local plus étendu, rue de l'Hôpital, ils y ont construit un vaste établissement, que leurs novices occupent depuis le 1er septembre 1855. Aujourd'hui la maison de la rue des Ortolans sert toujours d'habitation aux

Au moment de sa translation dans la maison des Augustines (1768), la communauté de Notre-Dame se composait de seize religieuses de chœur, quatre converses et quinze pensionnaires, dit l'abbé de Véras. Pourtant dans un autre passage de ses mémoires il lui donne à la même époque un personnel de vingt-six religieuses, dont vingt-une de chœur et cinq converses; mais le premier chiffre paraît être le plus exact, puisque la visite pastorale de Mgr de Manzi du 28 septembre 1760 n'accuse que quinze religieuses de chœur, deux converses, une tourière et deux servantes. En 1703, on comptait vingt-cinq religieuses vocales aux élections pour le supériorat; en 1696, trente, et en 1690, trente-et-une. Nous ne dirons rien ici de la régularité parfaite qui distingua toujours le monastère de Notre-Dame d'Avignon, même dans un temps où sous l'influence épidémique des principes jansénistes et philosophiques qui troublaient tous les esprits, comme sous l'influence non moins fatale du luxe énervant qui se glissait jusque sous les cloîtres, tant de saintes maisons dégénérèrent de leur vocation primitive. Les actes de visite pastorale de nos illustres archevêques témoignent à l'envi des abondantes consolations que le couvent de Notre-Dame réservait à leur cœur de pontifes. Au surplus tel a toujours été, jadis comme aujourd'hui, le caractère distinctif des maisons de religieuses d'Avignon.

En quittant leur chapelle de la rue des Ortolans, les religieuses de Notre-Dame firent transporter dans celle des Augustines, entre autres objets de prix, le tableau de leur autel principal, qui représentait l'Assomption de la Très-Sainte Vierge. C'était l'œuvre de Nicolas Mignard. (1) Ce tableau, dit l'abbé de

---

Frères des Écoles et de plus on y a installé un pensionnat ouvert le 1ᵉʳ octobre 1857, et qui réunit environ 150 élèves. Le 11 novembre 1829, les hospices furent autorisés par une ordonnance royale à céder à la ville les bâtiments de St-Roch, St-Bénézet et des Orphelines. L'acte qui a consacré cette cession, moyennant *cent huit mille soixante francs*, est à la date du 10 mai 1830.

(1) Ce tableau se trouve aujourd'hui dans la chapelle des Pénitents noirs de la Miséricorde. Il fait partie de ceux qui furent tirés du Musée pour être mis en dépôt à la Maison de Santé et dont l'Administration de cet établissement a donné récépissé les 5 pluviose an V, 12 novembre 1810 et 20 janvier 1811.

Voici la description qu'en donne Meynel, bibliothécaire et premier conservateur du Musée, dans sa notice historique, imprimée en l'an X : nᵉ 75. L'Assomption *de la Sainte Vierge*, original, par Nicolas Mignard.

Véras, faisait l'admiration des curieux et des connaisseurs. Ces dames emportèrent également une relique insigne de la vénérable mère fondatrice, Jeanne de Lestonac, qu'elles avaient le bonheur de posséder. C'était un os de son bras droit, dont la mère de Fonteneil leur avait fait présent. Il était enfermé dans une châsse.

En 1772, M. de Marianis compta aux religieuses de Notre-Dame la somme de deux cents livres, monnaie de roi, que Mlle sa sœur avait léguée au dit monastère pour faire solenniser dans l'église d'icelui tous les ans et à perpétuité la fête de l'Immaculée Conception.

La dernière supérieure, quand les mauvais jours de la révolution furent arrivés (1790), fut madame Jeanne-Marguerite de Chambaud, alors âgée de près de quatre-vingts ans ; elle était professe du 11 décembre 1734. En cette même année, le conseil du monastère se composait de Marie de Salvang de Chénerille, mère seconde, non moins âgée que la vénérable supérieure ; de Marie-Thérèse de Roque (74 ans) ; Marie-Françoise de Savigny (77 ans) ; Elisabeth-Noël Reboulet (56 ans) ; Françoise-Ursule de Barroux (55 ans), conseillères et Françoise Lamy, procureuse. Dans une pièce de mai 1791, Louise de Roque signe comme procureuse et une lettre du district de Valence lui est adressée à la même époque comme supérieure de la maison.

« Une chose assez remarquable dans ce monastère, ajoute l'abbé de Véras, c'est que depuis sa fondation jusqu'à présent (1770), la noble et illustre famille de Tonduti, des seigneurs de Blauvac, Malijac, St-Léger et autres lieux, qui avait donné occasion à cet établissement, n'a jamais discontinué de donner à cette maison des sujets fort distingués et qui en ont rempli dignement les premières charges. Pithon-Curth (1), qui écrivait en 1750, en cite sept, dont quatre de la branche de Blau-

La Sainte Vierge sort du tombeau ; un groupe d'anges la porte et la soutient ; elle est assise sur des nuages. Plusieurs têtes d'anges sont au-dessous, annonçant son triomphe, et la majesté avec laquelle elle s'élève prouve à n'en pas douter qu'elle est Mère de Dieu.

Le cadre est cintré, sculpté et doré. Sa hauteur est de 3^m,243, sa largeur de 2^m,517. Il était autrefois dans l'église du ci-devant couvent de Notre-Dame d'Avignon. Peint à Paris, en 1663.

(1) Histoire de la noblesse du Comtat et de la ville d'Avignon.

vac et trois de la branche des barons de Malijac, savoir, dans la première : 1° Marguerite de Tonduti de Blauvac (9 juin 1637), fille de Jean-Baptiste et de Marie de Robin de Graveson ; elle vivait encore en 1669 et faisait partie du conseil ; elle avait alors 62 années de profession et environ 80 ans ; 2° Élisabeth, nièce de la précédente et fille de Jean-Baptiste 11e, seigneur de Blauvac, de Parade et de St-Guillaume, Viguier d'Avignon en 1687, 1697 et 1709, gentilhomme ordinaire de la chambre du roi, capitaine des Suisses de la garde du Pape, et de Marie-Françoise de Villardi. En 1743, elle refuse la supériorité à cause de son grand âge et de ses infirmités ; 3° Marie-Françoise-Gabrielle, supérieure en 1766 et 1782, et Marie-Élisabeth, reçue le 14 janvier 1724, supérieure en 1773, 1776 et 1779, toutes deux filles d'Alexandre-Paul-Antoine et de Jeanne-Françoise de Galéan de Castelet.

Dans la seconde branche : 1° Marie-Marguerite de Tonduti de Malijac, supérieure en 1725 et sa sœur Marie de Tonduti, appelée la mère de St-Léger, qui fut quatre fois supérieure (1) en 1696, 1703, 1709 et 1712. Elles étaient toutes deux filles de Pierre de Tonduti, seigneur de Montsercin et St-Léger, baron de Malijac et de Françoise Aloard ; 2° Marie-Anne de Tonduti, fille puînée de Pierre François II, seigneur de Montsercin et St-Léger, baron de Malijac et de Beauregard, 1er consul d'Avignon en 1703 et 1709, Viguier en 1704, et de Jeanne de Baroncelli de Javon.

Il est probable qu'il y eut même d'autres religieuses de ce nom ; en effet nous trouvons à la date du 11 mars 1677, la réception de Charlotte-Thérèse de Tonduti de Montsercin et St-Léger ; elle était fille de Pierre-François Ier de Tonduti, fameux jurisconsulte, recteur du Venaissin en 1632, primicier de l'université d'Avignon en 1642 et conseiller du roi en 1666. Pithon-Curth la dit par erreur religieuse de Ste-Claire. En 1699, sous la supériorité de Léone de Montagu, trois dames de Tonduti faisaient à la fois partie du conseil du monastère, c'étaient Marguerite de Tonduti de Blauvac, Marie de Tonduti de St-Léger et Marie de Tonduti-Blauvac de Montjiron, dont nous n'avons pu distinguer l'origine.

(1) Le supériorat dure trois ans, c'est ce que l'on appelle un *trienne* ou *triennat*.

Sous le rapport du temporel, voici à peu près les seules données que nous ayons pu recueillir :

En 1693, l'actif de la communauté se composait de 26,351 écus, qui produisaient 3972 livres de pensions en capitaux à constitution de rente, une vigne de quatorze éminées, estimées à raison de 50 écus l'éminée, une terre de huit éminées, même valeur, un pré de neuf éminées, estimées 80 écus l'éminée, une petite maison et une petite boutique louées ensemble 25 écus par an.

En 1713, il fut constaté par la moyenne des trois dernières années que le total des recettes du monastère s'élevait à 17,248 livres 2 sols et les dépenses à 21,358 livres 18 sols. Il était dû au monastère 3,098 livres d'arrérages. Les capitaux portaient 5,174 liv. 2 s. 3 d. de pension. Les pensions des religieuses produisaient 862 livres; les pensionnaires environ treize à quatorze cents livres, une année comportant l'autre, et le travail des religieuses environ 448 livres.

Enfin, l'inventaire dressé le 24 décembre 1792, l'an 4 de la liberté et le 1er de l'égalité, par les commissaires nommés à cet effet par le conseil municipal de la ville d'Avignon, relève au profit des religieuses de la Compagnie de Notre-Dame l'existence de cinquante-neuf capitaux à constitution de rente, s'élevant en bloc à la somme principale de 128,250 liv. 17 sols et portant 5,063 liv. 6 sols 9 deniers de pension, plus trois pièces de terre d'un rendement annuel de 322 livres. Ces dames étaient grevées de 14,510 livres de dettes portant 644 liv. 5 s. 5 d. d'intérêt. Elles payaient en outre à titre de demi-lods, soit à la métropole soit à divers couvents ou chapitres une somme annuelle de 188 liv. 13 s. 9 d. — L'inventaire du mobilier de l'église constate qu'elle était pourvue de tout le nécessaire mais sans luxe.

Les religieuses de la Compagnie de Notre-Dame, on le voit, n'étaient pas riches à proprement parler et ne l'avaient jamais été, ce qui du reste est le meilleur éloge qu'on puisse faire d'elles. Néanmoins elles étaient parfaitement à même de poursuivre leur mission de haute charité; et, sans la fatale catastrophe de 92, qui vint, ici comme ailleurs, porter le deuil et la désolation dans ce modeste asile du plus pur dévouement, la ville d'Avignon, sans nul doute, s'applaudirait encore aujourd'hui du zèle de ces excellentes dames pour l'éducation des jeunes filles. Nous félicitons la ville de Cavaillon d'avoir été choisie pour recueillir ce pieux héritage.

Et pour nous, en exhumant ici d'aussi précieux souvenirs, enfouis déjà depuis près d'un siècle dans la poussière de nos archives publiques, nous sommes heureux d'avoir pu ainsi rattacher les glorieuses traditions du passé aux bienfaits du présent et aussi aux saintes et si légitimes espérances de l'avenir.

Avant de terminer ces quelques pages écrites à la mémoire de l'ancien monastère de Notre-Dame-d'Avignon, nous ne pouvons taire un regret qui nous poursuit, c'est celui de n'avoir rien retrouvé, parmi les volumineux papiers que nous avons dépouillés, rien des anciennes ANNALES de cette sainte maison. Or, c'est dans les annales seules d'un monastère qu'on peut lire son histoire, sa véritable histoire intime, celle qui, indépendamment des accidents temporels, vous initie d'une manière plus directe à toutes les grandes et nobles vertus qui ont germé à l'ombre de ses cloîtres. Privé d'une ressource aussi précieuse, nous n'avons pu donner à cette notice tout l'intérêt dont nous eussions été désireux de l'enrichir. Nous aimons à croire qu'on nous tiendra compte du moins de notre bonne volonté, en nous pardonnant l'aridité du peu de renseignements parvenus jusqu'à nous. Nous prions surtout nos révérendes mères et sœurs du monastère de Cavaillon, à l'intention desquelles ce petit travail a été entrepris, d'être indulgentes à notre égard, si nous n'avons pu rendre un meilleur témoignage des sublimes exemples de foi et d'ardente charité dont leurs vénérables aïeules dans la Compagnie de Notre-Dame ont embelli l'histoire religieuse de la catholique cité d'Avignon.

Les lignes qui précèdent étaient déjà imprimées quand une main amie nous a signalé trois circulaires nécrologiques concernant les Révérendes Mères de MASSILIAN, d'ELBÈNE et de PÉRUSSIS. Nous ne saurions négliger la bonne fortune qui nous est offerte de placer ici ces précieux spécimens des hautes vertus qui, pendant plus d'un siècle et demi, ont illustré le monastère de Notre-Dame d'Avignon.

I

Marie-Thérèse-Yolande de Massilian, issue d'une famille où la piété et la noblesse sont héréditaires, dit la notice, fut formée dès ses plus tendres années dans notre communauté par les soins d'une de ses tantes, aussi parfaite religieuse qu'habile maîtresse. Elle avança de jour en jour à la perfection et se dévoua à Dieu en prenant notre saint habit à l'âge de 14 ans, le 3 septembre 1678. L'innocence de mœurs et le riche fond sur lequel on travailla la rendirent bientôt novice fervente. Point de petits devoirs auxquels elle ne s'assujettît, point de menues observances qu'elle ne pratiquât. A la piété elle joignit des talents qui la rendirent capable de remplir tous les emplois. Aucun qu'elle n'ait exercé et dont elle ne se soit acquittée avec zèle et édification. Son humilité la rendait toujours prête à les accepter tous. C'était même une raison pour elle que les charges fussent pénibles ou refusées par d'autres, pour les recevoir avec plus d'empressement et plus de plaisir. Sa soumission et son respect pour les supérieures lui rendirent ainsi aisées les choses les plus fâcheuses..... Elle honorait d'une particulière dévotion Saint Ignace et aussi Saint Joseph, devant la statue duquel elle faisait brûler une lampe tous les mercredis. C'est à son intercession, ajoute la mère Vidal, supérieure, que nous croyons qu'elle est redevable de cette paix et parfaite résignation qu'elle a fait paraître aux approches de la mort, quoiqu'elle eût témoigné la craindre beaucoup, même durant sa dernière maladie. Elle mourut d'une hydropisie de poitrine, à l'âge de 72 ans, le 24 mars 1737. Elle comptait 58 années de religion.

II

*Françoise d'*Elbène appartenait à une ancienne famille d'origine florentine, depuis longtemps établie à Avignon. Elle entra à Notre-Dame à l'âge de 14 ans, le 14 avril 1678. Devenue professe, dit la mère Suzanne Lévêque, supérieure, une charité bienfaisante et compatissante fut toujours son partage : son esprit bon, docile, prévenant, la fit aimer de toute la communauté. Étant d'une complexion faible et délicate, elle ne jouissait pas d'une santé bien affermie ; mais sa volonté, ses désirs, son amour pour son état et pour ses devoirs suppléaient au défaut de son tempérament, surtout quand il s'agissait des emplois qu'elle occupait dans la communauté, où elle a été tour à tour maîtresse principale des pensionnaires, conseillère, portière et intendante de santé... Sa dévotion à la Sainte Vierge, ajoute-t-on, était des plus ardentes, des plus singulières et des plus empressées... Elle mourut, le 2 juillet 1740, après de longues souffrances qu'elle supporta avec une patience et une douceur angéliques.

Entrées toutes deux à Notre-Dame la même année, les mères de MASSILIAN et d'ELBÈNE s'étaient formées sous la direction et aux exemples de cette vénérable mère de Morangés, qui gouverna le monastère pendant quarante-cinq ans. Elles étaient dignes l'une de l'autre et pendant plus d'un demi-siècle, elles vécurent dans une constante émulation de sainteté. Nous allons voir comment savaient se perpétuer d'aussi nobles traditions.

III

Marie-Anne de PÉRUSSIS, dit la même mère Susanne Lévêque, était d'une naissance illustre et nous relevons d'autant plus volontiers cet avantage en elle que bien loin de le relever elle-même ou de s'en prévaloir dans sa conduite, elle n'aima d'autre distinction que celles que l'humilité et la charité recherchent. Elle était fille de Jacques-Joseph, marquis de Pérussis, baron de Barles et seigneur de Montdevergues et de Marie de Bannes, comtesse d'Avéjan. Elle avait trois sœurs plus jeunes qu'elle, religieuses à Ste-Praxède. (Pithon-Curth.)

Elle fut élevée jusqu'à l'âge de quinze ans par sa tante maternelle, Mme d'Avéjan, abbesse d'Hières, transférée plus tard à l'abbaye d'Alais. Elle passa ensuite quelques années, en qualité de pensionnaire, dans l'abbaye de Ste-Catherine d'Avignon, sous une autre tante, sœur de son père, Mme Françoise-Thérèse de Pérussis ; et là elle s'acquit tant d'estime et d'affection que, lorsqu'elle dut en sortir, il fallut qu'elle s'en ouvrît elle-même la porte, personne de la maison n'ayant pu se résoudre à la lui ouvrir. Son attrait pour la voie étroite l'inclinait alors vers les Carmélites, et elle aurait embrassé leur état si elle en eût cru sa ferveur. Mais les réflexions qu'on lui fit faire sur la délicatesse de sa complexion et plus encore les conseils de son directeur, qui était un Père de la Compagnie de Jésus, la déterminèrent à venir se ranger parmi les filles de Notre-Dame, le 28 janvier 1734. Tout était religieux dans sa conduite, écrit sa supérieure. Toutes ses actions portaient l'empreinte de l'esprit de son état : tout ce qu'elle avait de dons naturels, esprit excellent, jugement solide, mémoire heureuse, intelligence pour les affaires, talents divers et distingués pour les ouvrages des mains, bonté et générosité héréditaires, tout cela, mis en œuvre par la grâce divine et dirigé par le zèle, la rendait propre à remplir toutes les fonctions de notre état avec autant de succès que de mérite, et à procurer l'utilité commune en travaillant à sa propre perfection. Dans les différents emplois que nos constitutions rendaient compatibles avec son âge, *non-seulement elle a été ce qu'il fallait être, mais ce qu'on ne pourrait pas, sans indiscrétion, exiger que les autres fussent.*

Sa tante, Mme d'Avéjan, abbesse d'Alais, d'accord avec son frère Mgr l'Evêque de cette ville, la fit nommer sa coadjutrice ; mais elle refusa aussitôt. Elle en usa de même à l'égard d'une autre abbaye plus riche que le roi lui offrit par l'intermédiaire de Mgr l'Archevêque de Paris et de Mgr l'Évêque de Mirepoix. Son attachement pour son cher couvent d'Avignon était tel qu'elle ne voulut point consentir à le quitter, même momentanément, pour aller prendre les eaux de Vals, que les médecins avaient jugées indispensables à sa santé, et où le marquis, son frère, lieutenant-général des armées, venu tout exprès de Paris, voulait la conduire lui-même. Elle était si mortifiée que, durant sa dernière maladie, elle voulut néanmoins jeûner tout le carême.

A tant de vertus, ajoute la supérieure, il ne manquait que l'épreuve des souffrances. Dieu la lui accorda pour exalter ses mérites. Elle mourut, après dix-huit mois de maladie, le 7 novembre 1753, dans la quarantième année de son âge et la quatorzième de sa profession religieuse.

Les peines de l'âme, dit-on encore, se joignaient à celles du corps. Au commencement de sa maladie, les horreurs de la mort et plus encore la crainte des jugements éternels l'agitaient vivement. Mais ce trouble, toujours accompagné de souffrances, ne faisait qu'exciter sa ferveur et lui inspirer plus de précautions pour se préparer à sa dernière heure. Elle demanda les sacrements de l'Église et les reçut avec les sentiments les plus édifiants. Plusieurs fois elle a désiré qu'on lui réitérât le saint viatique. Peu de temps avant sa mort, la confiance en Dieu, l'emportant sur la crainte de ses jugements, rétablit le calme de son âme : l'aspect du Crucifix qu'elle tenait tendrement serré entre ses bras et que d'un instant à l'autre elle baisait amoureusement, joint au souvenir des divines miséricordes qu'elle aimait alors à se retracer et qu'elle demandait sans cesse qu'on lui rappelât, la soutint dans cette situation jusqu'à son dernier soupir.

O vocation sublime ! c'est donc ainsi qu'on savait vivre et, mieux encore, qu'on savait mourir jadis au monastère de Notre-Dame ! Telle fut toujours, telle est encore, à l'école du catholicisme, la science par excellence des saints.

ABRÉGÉ DU PLAN DE L'INSTITUT.

La Compagnie de Notre-Dame est un corps de religion, approuvé du Saint-Siége et confirmé par dix Brefs qui ont beaucoup servi à sa gloire et à son affermissement; quoique agrégée aux Bénédictins, elle ne leur est pas soumise; elle n'est pas non plus mise de leur Ordre, mais elle est rendue participante de leurs priviléges. Elle n'est soumise qu'au Saint-Siége et à la juridiction des évêques; toutefois elle reconnaît l'illustre Compagnie de Jésus pour son modèle. En effet, les Religieuses de Notre-Dame suivent les Constitutions de Saint Ignace et s'efforcent de prendre l'esprit de ce saint fondateur. Leur institut est une imitation du sien : c'est cette ressemblance qui donna tant de joie au pape Paul V, qu'il se félicita de leur fondation, en disant au R. P. Aquaviva : « Général, je viens de vous donner des sœurs. — Et quoi donc, très-Saint Père ? » répondit le Général. — « De vertueuses filles qui veulent rendre à l'Église, dans les personnes de leur sexe, les mêmes services que vous rendez à toute la chrétienté. » Elles prennent le nom de *Compagnie de Notre-Dame* ou *Filles de Notre-Dame*, que le pape leur a donné.

Réparer les maux de l'hérésie, rétablir et étendre le culte de la très-Sainte-Vierge, tel fut le dessein général de cette fondation. Sa fin particulière est non-seulement le salut et la perfection propres des membres qui en font partie, mais encore le salut et la perfection du prochain. Pour atteindre ce double but, les Religieuses de Notre-Dame allient à la vie contemplative tous les exércices du zèle et en particulier se vouent à l'instruction de la jeunesse. Quant à l'extérieur, la vie est commune et n'a point par obligation de mortifications et d'austérités, si ce n'est le jeûne tous les samedis de l'année et la veille des fêtes de la très-Sainte Vierge. La clôture est de règle, mais l'évêque peut accorder des dispenses dans les maisons qui sont sous sa juridiction.

Ce corps se compose de novices, de sœurs, de mères. Il y a aussi des sœurs compagnes ou coadjutrices pour les choses temporelles de la maison. Les novices, après deux années d'épreuves, peuvent être admises à la profession, et, après dix ans de religion, elles passent au degré de mère. C'est alors que les fonctions les plus importantes de la maison peuvent leur être confiées. C'est parmi les mères que l'on prend la Supérieure, qui a aussi le nom de *mère première*. Elle exerce les fonctions du supériorat pendant trois ans et peut être réélue.

L'instruction des enfants pauvres est l'une des parties essentielles de la mission que se sont donnée les Religieuses de Notre-Dame. Toutes leurs maisons leur ouvrent des classes spéciales. Enfin, une autre œuvre a été embrassée par leur zèle, comme complément de celle-ci. Les jeunes filles adultes laissées dans le monde sans conseils, sans instruction religieuse, y courent les plus grands dangers. Les Religieuses de Notre-Dame ont compris qu'elles devaient leur tendre une main secourable. Chaque dimanche cette jeunesse ouvrière vient puiser à la maison de Notre-Dame les principes religieux, seule sauvegarde de sa vertu.

Nous avons dit comment toutes ces œuvres de dévouement sont accomplies à Cavaillon.

L'Ordre de Notre-Dame compte aujourd'hui trente-deux maisons en France, onze en Espagne, trois en Italie et cinq en Amérique.

A l'exemple de leur vénérable Mère fondatrice, les Religieuses de Notre-Dame ont pris pour devise : *Tout pour la plus grande gloire de Dieu et de la très-Sainte Vierge et pour le salut des âmes!*

A^{te} de Boudard, aîné.

www.ingramcontent.com/pod-product-compliance
Lightning Source LLC
Chambersburg PA
CBHW060524050426
42451CB00009B/1147